GIULIANO CIMINO

Il Cuore Sparso

Indice dei contenuti

Introduzione dell'autore

Io non credo di essere e non voglio essere un Mandatario di Verità. Anche perché credo, come disse un certo Giacomo Leopardi che "chi dubita sa, e sa più che si possa". Non credo che il Poeta debba elargire verità assolute o ritratti di carta che devono essere per forza di cose il motivo per il quale lui abbia scritto una poesia. La poesia non ha la morale nel suo intento e non deve averla. E l'interpretazione di ogni mio scritto vuole essere Libera per lo scrittore. La poesia è libertà. I poeti sono angeli sociali che trovano ancora la bellezza in un mondo di Nuovi Odi Razziali e Sessisti. Dove oltre la Natura c'è ben poco da salvare dell'umanità.
Il Poeta va contro tutto questo.
Il potere della Parola è L'arma più forte del Mondo Umano. Può evitare tutte le energie negative e può propagare quelle positive. Il potere della Parola sta sfuggendo al Mondo in questo secolo.
E i Poeti possono aiutarlo, se non salvarlo.
A salvare la vita ci pensa l'amore.. Mi han detto così.

La Vostra Cometa impazzita
Fatta di acqua salata

Piena di fuoco radioattivo
Trasmissione di ciò che vivo
Emanante Parole in rima
Perché senza tutto questo io non vivo.

In pace in amore ed in guerra.
Vostro Giuliano Cimino,2019

Nel Divenire

2 giugno 2018

Nel divenire della notte
La luna cambiava il colore
Delle stelle agitate senti ancora il rumore
Dei disegni che fanno cercando il tuo nome
Le nuvole nel cielo di giugno
In queste ed altre buie ore
Fulmine imprevisto che espugno
Nel divenire della notte

Nel Perenne Mutare

4 giugno 2018

Nel perenne mutare
In perpetuo mare

25 Modi Di Dirti R

19 aprile 2018

Riaffiori
Rinnovi
Rinneghi
Ri-echi
Rivedi
Rimedi
Risiedi
Rimescoli
Risplendi
Rincorri
Riattivami
Retro
Ringhiera
Recondita
Rediviva
Ricuci
Rimargini
Ritratti
Respiri
Regnanti

Raggi
Refrattari
Rigurgiti
Regina
Radioattiva

La Mia Essenza

29 giugno 2018

Amo le parole
E voglio farci l'amore
Finché vedrò la luce del sole

Cieli Di Tramonti

16 giugno 2018

Nella luce delle nuove albe
Troverò sempre
Lo sguardo tuo di cielo
Del tramonto

Lentamente

settembre 2013

Come petali che cadono
lentamente
i battiti del cielo
di settembre

Proiettili

27 febbraio 2015

E i miei occhi sono come un'autostrada
E il mio cuore ripulsa e viaggia a cento all'ora
E i miei occhi sono come un'autostrada
Di sogni speranze e vita

E le lacrime hanno lasciato spazio
Al cielo su di me

La scritta "lavori in corso"
È così bello soli
È cosi bello amare me

E i miei occhi sono come un'autostrada
Che non tutti potranno percorrere
E i miei occhi non hanno più paura
Ora è lì il proiettile che hai lasciato nel cuore te

Non ti bruciare se
Incontrerai mai
Questo me

Radici

marzo 2015

La radice quadrata del mio tempo
È solo il nesso che sento sconnesso
La radice cubica di ciò che sento
È solo il fisso sguardo mio connesso
E quel che penso lo tengo dentro
E quel che penso lo esterno spesso

Lo faccio fuori, lo esco fuori
Il mio io di ieri, era ora
Il mio io di ora
La mia nuova aurora

Chiama
Chi ama
Chiama
Chi ti ama
Chi ama
Chi ama?

C'è chi viene e chi va.. e chi non tornerà
C'è chi passa e chi sta... e chi non resterà
C'è chi nasce e chi muore e dentro non sta
C'è chi arriva e chi vive è qui chi resterà

Chiama
Chi ama
Chiama
Chi ti ama
Chi non ama
Chi non ti ama

Lama sarà
Cicatrice ricucirà

La radice quadrata del mio senso
È solo il tempo che sento dentro..

Catastasi Di Me

30 gennaio 2015

Dove sento tramortire
Il mio basso divenire
Che si bagna sulle ciglia

Non c'è cosa più sensuale
Di una donna che sbadiglia
Non c'è aroma più letale
Dello spargersi mare di Emilia
Non c'è letizia
in questa mia notizia

Del mio cuore
del mio dolore
Del mio ardore
del mio umore

In catastasi di me

Sentire il flusso che
Che si asciuga sulla pelle

Non c'è cosa più irreale
Di ritrovarsi senza cuore
Svegliandoti un mattino
Davanti allo specchio
Guardandoti cambiato
Scoprendoti invariato
Solo per l'aspetto
E il mio Dorian Gray
Non morirà sopra un ritratto
Non si scoprirà vecchio

Assuefatto da me
Assuefatto perché
In catastasi di me

La Reazione

dicembre 2014

Aghi di acqua
Sottili e taglienti
Di nervi tesi
Che affanni e inganni
Del tempo
La noia dovrò colmare
La stizza da placare
La sbornia da passare

E sentiti vivo
Fino a quando ti batterà
La macchina che tieni tra
Il petto e l'aorta

E sentiti vivo
Finché quando ci sarà
L'impulso che viene e va
Finché tempo non passerà
Senza amore, che senso non ne ha

La reazione sarà
La risposta che si nasconderà
La reazione sarà
La risposta che non si nasconderà

I Semi Del Male

8 maggio 2018

I Semi del Male attendendo fioriture
Vagano in venti febbrili
Di ingorda pioggia e placido sole
Le smagliature dei sorrisi
Fanno penombre sottili
Tra foglie di un fiore
Germogli di umori
Di giorni migliori

E quando piove corri a piangere
Sotto i lavandini di Dio
E quando il sole fa rumore inizi a pungere
Nel seminterrato di un ancestrale pendio

Non Tutti I Mali

21 gennaio 2018

Gli strappi, non necessariamente comportano ricucite
E non tutti i mali, necessariamente comportano ferite
A volte sono semplicemente pelle
A volte sono semplicemente Vita

Pace E Rivoluzione

9 gennaio 2018

La pace è l'inizio o la fine
Di ogni rivoluzione interiore

Liberazione

25 aprile 2018

La poesia è la libertà della parola
La libertà della parola e del pensiero è la Liberazione

Nuvola Rossa

23 marzo 2018

L'arte è Rivoluzione
E l'espressione
Delle vere Rivoluzioni
È Arte

La Corsa Del Tempo

10 gennaio 2018

Tutto muta e tutto scorre,
in questo unisono
mentre rigidi grigi cieli di gennaio
passano e non capiscono

è nel tempo che trascorre
e che muta, cerca di imporre
la sua corsa alla nostra
che siamo pesci senza sosta

Fuori Tempo

17 gennaio 2018

Primavere inespresse di gennaio
Prime vere luci spesse arrese a un calamaio
Nell'incessante battere del mio cuore
Tu sei quell'alba che non conosce fine

Time

20 marzo 2018

È nella corsa del tempo
La sua pazienza
La sua arroganza
La sua cura
Senza tempo,
Come fosse futura

Segni Del Tempo

4 aprile 2018

Non sono cicatrici
Sono segni del tempo
Sono le pendici
Del nostro personale vento
Tu muovi le tue ali
Tu, inizia a sbattere le ali

La Crepa Di Creta Che Incrina Una Chiesa

19 settembre 2018

E se per caso
Passasse di qua
Un tuo "ma"
Troverebbe un mio "mai"

E se trovassi un tuo "se"
Sospeso al di là
Di un "mai"
Passerebbe da un mio "ma"

Sempre Andare

7 ottobre 2018

Noi come palline
Il tempo come scusa
La velocità come sistema

In Fretta

9 settembre 2018

Come corre in fretta il tempo
Più o meno come questo caldo vento

Usa

9 gennaio 2018

Usa ogni attimo libero che hai
Per nutrirti di arte, di bellezza, di amore
Di cieli e di mari
Usa ogni istante libero che hai
Per viaggiare, e se non puoi
Viaggia nei cuori, nelle menti o negli occhi

Così, e solo così, ti sentirai più vivo

Declinazioni

1 gennaio 2018

Trasmissioni
Terminazioni
Derivazioni
Feromoni
Deviazioni

Scossoni
Emozioni
Posizioni
Postazioni
Stazioni
Delusioni
Motivazioni
Decurtazioni

Night

11 giugno 2018

È nella notte che si trova il segreto e la sua magia
È della notte e della sua quiete la mia poesia

Cento, Mille Di Queste Lune

5 maggio 2018

È nella notte il senso della calma
Delle anime scintillanti ed erranti
Fino a un nuovo ordine di alba
Fino a un vecchio certo punto,
come uno spunto
Improvvisa e nascosta tu te ne stai
Nella mia riga sinistra
Nella mia riva opposta
E silenzi il pianeta con il tuo fare da fata
Tu te ne stai, Luna

Un Fottutissimo Poeta

5 novembre 2018

Stella cosa fai,
hai perso la meta?
Rivivi nei miei guai,
tu che non muori mai

se tu sei costellazione io sono cometa
balla, grida urla splendi fuoco di candela
marinaio che si salva dal vuoto con la tua vela
alla Matisse sono tela
tuo fottutissimo poeta

Fuori Come Un Poeta

27 aprile 2018

Scia chimica esasperata del nostro mi minore perpetuo
Scosta le nuvole figlie di una luna pre Maggese che intra-
vedo
Scivola nei miei occhi spenti, stanchi e di gioia disoccu-
pati
Sbando come quella cometa che mi rimanda e mi tra-
sforma nel tuo poeta
Così fuori, da non assomigliare
Così da ieri, da sempre io, non assimilabile
Sulle tue vene non c'è più la mia stella pazza
Sulle stelle buone c'è sempre sangue e un po' di corazza

La Condizione Dell'Essere Decadente

6 gennaio 2018

La condizione dell'essere decadente
Derivazioni algebriche
Formule aristoteliche
Passaggi fuorvianti, Dei, scrigni e santi
Nell'attuale posizione dell'essere
Universale, e evanescente
L'illusione della salvezza
Potrà ridarla la bellezza
Nella condizione dell'essere decadenti

Condizioni

15 ottobre 2018

Siamo foglie
Mica alberi

L'Importante Non Morire

1 gennaio 2018

Le parole dette
Vivono di giorno
Le parole scritte
Nascono di notte

Tu quale vuoi essere?
L'importante è non morire

Il Fine

27 gennaio 2018

Bisogna splendere,
Signori

Non solo illuminare

Sogno Numero 3

23 gennaio 2018

Nei traffici del cuore
Nulla fa più rumore
Dello sbattere delle tue ciglia
Appese ai miei battiti

Nei vicoli che valichi
Nei sintomi che varchi
Tintinnii di luci soffuse
Ametista di rosa spinosa
Stella del mio gennaio
Che risiede e richiede il mio cardiopalmo

E Tu?

11 gennaio 2018

Ho il cuore in testa, nella testa una cometa
Ho in testa un cuore, la mia onda più segreta
Sono il mio stesso svago la mia valvola di sfogo
Sono il me notturno, che tu conosci entri ed esci,
entri o esci dal mio labirinto
Rimango convinto che chi è troppo convinto
nasconde
le onde
o qualcosa
Una rosa
nera,
due labbra già di edera,
tre non è il numero perfetto
Solo chi mi ama, ora riassume ciò che ho detto

Quello Che Ho Detto Mi Piace

10 gennaio 2018

Scopo con milioni di parole
Ma non vengo mai
Inietto inchiostro nelle vene altrui
Imbratto fogli di colore e suoni per farli miei
Gioco con mille persone
Che sono io
Scivolo
In altre albe sonore
E nettare di semi miei
E indovino le menti altrui
Le valvole del cuore mio
Che sono bei guai

Ostinatamente

16 febbraio 2018

Perché la vita è tutto uno sbattere d'ali
È tutto un ricominciare a volare
Nella luce di fuoco in azzurri cieli
Io sempre, ostinatamente nei miei voli

Il Sottile Filo Rosso

3 aprile 2018

Piogge come lacrime
Che bagnano anime
Piogge come dame
Che levigano anime
Piogge come lame
Che salvano anime

Ra-Re-Ri

17 aprile 2018

E nella mia dose di parole
Giornaliera
Rigami il soffitto del cuore
Con lacrime di gioia e altri umori
Che lavano i miei fuochi naturali più veri
Mi lucidavi i pensieri
Scovami in trincee che conoscevi
Evapori come le nuvole
Su albe di primavera

Al Ballo Di Due Vocali E Una Consonante

18 aprile 2018

Ancora affondi annaspi all'altitudine anteposta
Dove il respiro muore
Fomenti fenici felici fissanti festanti fragranze
Dove tu mai muori
Emani elleniche esasperazioni ed effimero ego
Dove se tu vivi io muoio

Dall'Oceano Al Mare

maggio 2018

È nella gonfia e sana ripiena di queste fradice onde
E la schiuma di ogni vena si bagna, baciandole la fronte
Dall'oceano al mare è sempre questione di passi,
misure e colore
Di stagione in stagione,
è sempre questione di onde

dedicata a mia madre.

Decide La Pioggia

2 maggio 2018

Tutto si trasforma, tutto si delinea
Tutto si delimita, tutto si percepisce
Ancora di più
Quando arrivi tu
Come arrivi tu
E che sia sulla mia pelle, o sull'erba
E che sia sul selciato o su un tetto
Lo decidi tu,
Tutto decidi tu
Ed io che sono nato con te,
Continuo a farti scegliere
E altra scelta non c'è
Che possa fare

decide la pioggia quando finire
Quando iniziare
Quando tornare
Sceglie la pioggia se di pioggia spogliare

Altri Giri Di Sangue

giugno 2018

Altri giri di sangue
Nevrotico tormento
In tumulti abbaglianti
Dell'anima che sento

Tra

4 luglio 2018

Trattieni i respiri
Che solo a tratti
traggono sospiri
Traiettorie sogni ed albori
Traini di cuore
Tranne quelli traditi, malincuori
Trattieni i respiri
Trova i sospiri
Traendone solo quelli più vivi

Contaminami

13 agosto 2018

Contaminami con i tuoi petali viola
Affinché io scorga in te la mia aurora

Vivo

17 agosto 2018

Tutto ciò che ha una radice è vivo
Tutto ciò che è vivo ha una radice

La Vita Non Aspetta

14 settembre 2018

Nei riflessi già opachi di settembre
Rinasco ancora una volta, lentamente
Ma così voracemente

Una Lacrima Di Gioia

29 settembre 2018

Sei bella da fare male
Bella da starci male
Come una lacrima di gioia
Nelle corsie di un ospedale

Sulla tua pelle vellutata
Così poco veramente amata
Voluta per noia
Da chi non ti ha mai conosciuta
Mia fottuta fata
Concubina dissipata

L'Invito

15 ottobre 2018

Eiacula la mente
Inocula il tuo ventre
Assaggiami le vene
Mentre ti lecco le ferite
Leccami le pene
Falle diventare gioie

Un po' come io farò con te

Ti invito al mio vernissage di pura
Arte contemporanea astratta
Perché tu sei la natura di ogni mia idea
Che si fa concreta in te

A Poche Miglia

3 gennaio 2019

Ed aveva ragione
Chi diceva
Che quel tuo sguardo
È un guado benedetto
E ne hai riempiti un milione
Quando pioveva
Dalle palpebre alla bocca
Che è la mia unica rotta

Splendente

3 gennaio 2019

Splendente natura viva
Con testa incasinata
Invitami al tuo condominio
Dove cuore e pensieri giocano a domino
Dove ti nascondi da ciò che non ti fa sentire
Amata di te, amata da te
Dove i tuoi sogni non vogliono finire

E tra le stelle io ti indovino
Come, nel mentre di un giallo
Scopri l'assassino
Sole, veemente mio sbaglio e castigo

Splendente anima viva
Dalla chimica radioattiva

Detonazione

10 gennaio 2019

Arde la fiamma
Che per prima alza
Gli incendi
Delle anime in versi
Morde il diagramma
Ogni rima che sbalza
Cocenti morsi

In parole...
In forma di detonazione

Nei Letti

10 gennaio 2019

Ingarbugliati l'anima nei colori che suoni
Accenditi all'ora che torni nei nostri sapori
Vani affanni sani e costanti
Battiti delle tue ciglia
Al mio cuor che si aggroviglia
Risplendi tu, di mille sonetti
Nei letti dei loro amori

Bancomat Stellari

gennaio 2019

Magia nera magia era
Magia rossa
Prevale quella scossa
Preleva una stella da ogni mia mossa

I Miei Opachi Cieli

10 gennaio 2019

Ci siamo quasi..
In stasi
Di metastasi
E di altre vibrazioni temporali
Cardiache
Cosmiche
Scie astrali
Dell'anima i tuoi vasi
Rianima i miei opachi cieli!
Vacui e di ieri

Legenda

febbraio 2019

Si vive per detonazioni
Si sorride per emozioni
Si crede per convinzioni
Si perde per deduzioni

Oltre

8 febbraio 2019

Dopo le più grandi salite c'è sempre una discesa
Oltre il buio si intravede la più grande luce accesa

Concerto D'Amore

18 febbraio 2019

Un concerto d'amore
Su un concetto con vista
Dalla nostra costellazione
Mista
Io sole tu luna
Andiamo a prelevare nuvole
Per vederci meglio
Senza occhiali naso a naso
Con un po' di fortuna
Ci incontreremo sempre
Sotto, sopra in mezzo e distante
Le nostre stelle
In un infinito walzer danzante

Meta Di Una Cometa

24 febbraio 2019

Tu che leggi leghi
E intrecci le mie parole fuoco

Per poco
Invocami come cometa, come sono
Tu chiamalo gioco

Io resto, tuo poeta meta di ciò che suono

Carnevali

22 febbraio 2019

Il poeta sangue perde
Volutamente
Ogni volta che si toglie
Coriandoli
Regalandoli

Imparare Dalla Natura

28 febbraio 2019

Nella fatica e nelle battaglie della vita
Cerca di imparare dalla natura infinita
Che dà e raccoglie in un flusso
Continuo e perenne
Il frutto della sua saggezza così, maestosamente

Donna Che Sarai

3 marzo 2019

Danzi con le ombre in una magica nottata
Fatta di streghe e di una fata
Che all'incanto dei tuoi sogni
Cura e fa concreti i tuoi desideri
Bimba dei giorni di oggi
Donna che sarai, figlia dei giorni di ieri
Io, l'ombra più ambra
Che ti cura e ti muta da bocciolo a sbocciarti
In ogni tua vera primavera

Dedicata a Giorgio Bacchi.

Intrecci

28 febbraio 2019

E se ci fosse un modo per salvarsi
Lo conoscono i tuoi sguardi
Dove mi perdo
Dove adoro tuffarmi
L'esatto fiore di loto di cui mi va di abbuffarmi
L'estratto di cuore in moto che mi va di assaggiarti
L'unico modo in cui voglio amarti
Preludio di un moto a luogo
Dove sei isola e sola terra mia
Dove sei quel sol che con il sole non va mai via

Mi Riconosco In Te

24 marzo 2019

Perché quando io ti guardo
Mi spalanchi le palpebre
Mi invadi il cuore
E mi allarghi le pupille
Della tua bellezza

Perché mi riconosco nelle tue forme
Perché mi riconosco nel tuo verde
Dove solo,
per un errore di sistema non sono nato
dove solo
per amore di ogni vena
sento il tuo flusso clandestino in me
per te..

perché mi riconosco nelle tue centrali e larghe piazze
fatte di storia e di regni così antichi
e respirare il tuo profumo è come morire con il sorriso
è come morire felici

Un Altro Scirocco

13 marzo 2019

Spettini altri anticorpi
Doloranti ed erranti
Amori e trincee vitree
Periti in detriti
Di cimiteri di cuori

Essenze di rose abortite
In un marzo che non conosce risalite
Di questo cuore sparso
In ore, terso e sciocco
Io, l'amore e un altro scirocco

Preterintenzionale

24 marzo 2019

Tra l'intento e l'azione
C'è l'intenzione

Scia

2 aprile 2019

Ed ho ancora il tuo odore addosso
Fiori di aprile, mare mosso
Nella mia luce controcorrente
Lampadina di un opaco presente

Ma è nella notte che si nasconde
Il mio vero me
Ma è della notte la tua danza
In equilibrio appeso ad un filo
In equilibrio come facevo da bambino
Sui marciapiedi che macinano
L'eleganza dell'andare
A cui ho sempre preferito
L'irruenza del correre

È la notte che non mi confonde
Spiraglio ed abbaglio tra i resti
Del resto che c'è
Dei mille altri me

Sono Chi Sono

29 marzo 2019

E più mi avete criticato
E più mi avete osteggiato
Più mi avete solo aiutato
A diventare ciò che sono diventato
A cambiare in quel che sono restato
A restare in ciò che sono cambiato

Vietato Vietare

11 aprile 2019

Vietato calpestare le aiuole del mio cuore
Vietato attraversare i binari delle stelle polari
È pericoloso sporgersi dal finestrino di ogni diluvio inte-
riore
Vietato fumare se già sai di incendiare

Non potranno vietare mai niente
Se lo vorrà la nostra mente
Non potrete vietarci mai niente
La libertà non mente

Alto Mare

28 marzo 2019

Scivolare tra le ciglia
Senza appigli
e senza appelli
per i battiti cardiaci
in alto mare
in altre navi

La Notte

marzo 2017

È la notte che rende più veri
Gli animi, i sogni i desideri
È nella notte che si sveglia
La fenice che è dentro di me
Fiamme rosse lune di fuoco
A chi dice che basta poco
Non credo da anni...io sono così

E te lo dice chi nel volo
Non sente vertigini
In questo cielo di marzo
La notte è lo smeraldo

Stella Grezza

febbraio 2019

Cospargendoti la fronte di viole e mimose
Stella grezza caduta tra una rotonda e due aiuole
Mimetizzami tra i tuoi raggi di costellazione
In ogni mia particella
In tutte le nostre derivazioni

Dormi viola che vive
Dormi gennaio che ride
Non ti ruberò nessuna freccia
Del resto è una sana astuzia la malizia,
e di questo sei anche tu come me
-divini e discepoli, danze e re-
Corteccia

Ed io chi sono

Perfezione che stono
Dilatazione del volo
Radioattivo
Tentativo

Che provo

E Adesso Sboccio

6 giugno 2019

E adesso sboccio
Seme di scirocco
Ogni fine è un inizio
Lascio questo indizio

Acqua Viva

11 giugno 2019

La pioggia mi ricarica
Il sole dentro l'anima

La Libertà

12 giugno 2019

La libertà è l'unica morale che voglio alla mia vita
La libertà di parola e di amare chi si vuole
Qualsiasi sesso sia, razza o colore
La libertà, sorella di ribellione
Non ha posizione
È l'unica sentenza che posso dare da vivo

È che il mio sogno di libertà
È sentirmi libero davvero nella vita
Come quando scrivo o rido

In Ogni Respiro

17 giugno 2019

Nei miei ritorni manca la magia
Ed il mio Icaro è morto sulla Luna
Amando chi osa e chiose di fortuna
E ho le ali spezzate dietro alla schiena
Da ogni richiamo che fa ogni sera
L'unica urgenza che mi fa vivo
La mia poesia, ogni mio tentativo
È ogni respiro

Arte

13 giugno 2016

La sofferenza risiede nell'arte
L'arte nel cinema sono i silenzi e gli sguardi
Come nella vita

Serrature

24 giugno 2019

Io quando ti vedo
Rantolo in spasmi di cielo
Bonaccia e selciato caldo
Inciampo lacerato da ogni tuo sguardo
Fammi indovinare
L'accesso per questa chiave
Che mi possa salvare

Sommossa

30 giugno 2019

Tafferugli dell'anima
Attentato cardiaco
In piazza di ogni battito
Paura di ogni tremore
Reattivo istantaneo
Violenza cosmica
Del potere che hai
Rivoluzione ed impeto
Protesta di globuli rossi
Tra le mie mani
I tuoi capelli
Sera di seta di lino
Sommosse di nervi

Sismogramma Previsto

9 agosto 2019

Antidoto della mia tristezza
Lancia e scudo dell'armatura
Di un'unica salvezza
Passata, presente e futura
Riparo per i cieli freddi
L'aria fresca per quelli caldi

La pozione di un sorriso di sole
Per il mio animo pieno di pioggia
Ed aleggia nell'aria
Un soffio di pace che calma il dolore
In faccia il disegno di ogni costellazione
Che fa parte di me

Alba istantanea, avaria
Momentanea, semina gioia prossima
Meta fisica e voglia tossica

Catturato dalla stessa evoluzione del volo
Strattonato da un'altra identità di ciò che sono

E non sono

Scosso come lucertola impavida dal suolo
Nella mia dimensione del suono
Roccia di sale che sbuccia ogni mio mare
Che nel mutare muore ogni mio male

Ritorni E Dolori

settembre 2019

Tra i tuoi frastuoni di onde psichedeliche
La violenza dei suoni in scie eccentriche
Si disperde nel mio caos neoclassico
Il risveglio di un altro mutamento intro nevralgico

Sulla rete, ogni parete colorata di anice e stelle
Senza mete, segrete grate arancioni
Tendoni di vele scoperte e scolpite
Delle mie particelle colpite

Arcobaleni Affamati

settembre 2019

Tu che mi spettini i pensieri
Disorientami gli ordini dai canonici flussi
Con le tue finestre aperte fatte di ciglia in nessi
Liberati, disordina i prigionieri

Malvagi e randagi
Tutti i miei neri

Tatuaggio Dei Sensi

settembre 2019

Tatuaggio dei sensi
Brivido acrilico
Brusio anestetico
Un cortocircuito che sprigiona
Lo sbattere dei denti
Uno spavento erotico si srotola

Nei tuoi occhi gli affanni
Che sbuffano anni
Di empatiche scelte, speranze disilluse
Sere a mangiare yogurt magri
Per trovare una linea che non esiste
Neppure per la tua bilancia spirituale
Confini distillati o poco distanti,
Lacrime fuse

Nei tuoi occhi il crepuscolo di una giornata
Affogata dall'impeto di uno sguardo interrotto
Crisalidi cretesi
Osmosi di onnivori pensieri

Uomini passati sciocchi o come meduse
E a forza di rincorse sei caduta
Per i troppi salti indietro
Che ogni donna ha sempre una trazione anteriore
E tu sei la mia attrazione interiore

Oggi

settembre 2019

Oggi il cielo piange con me
E nel cuore ho un cero acceso per te
Perché se prima non c'era oggi non c'è
E non l'amore, ma l'amore per sé

E noi passeremo
Ma non i luoghi che ci hanno visto insieme
I palazzi che ci hanno voluto bene
Le città che ci hanno tenuto le mani nelle vene

E tutte le loro chiese
E tutte le nostre rese

Di Più

29 settembre 2019

E mi parte un singhiozzo dal cuore
Con i tuoi occhi davanti alla mia stazione
E ti salti l'abbozzo delle parole
Con le tue mani apri ogni portone

Nei davanzali recintati dalle ciglia
Mi obblighi in un elisir di una tempesta che mi bisbiglia
Anni luce dallo specchio che mi assomiglia
In un tempo che mai si assottiglia

La Sete

23/27 settembre 2019

Ho preso la vita a morsi in questi anni
Ho perso un po' di vita in rimorsi scorsi e passati anni
Ho preso le tue dita per calmare i miei affanni
Ho steso il cuore ad asciugare e renderlo pulito per te
Ho smesso anche di bere perché non c'è
sete peggiore, lieve livore, non porto rancore

voglio sentire il tuo odore
voglio sapere com'è
voglio vedere come
resisti alla mia lingua sulla pelle

baciami tutte le volte
che mi dici a domani
come se fosse l'ultima volta
che mi baci i domani

Effluvio

23 ottobre 2019

Cortocircuito armonico
Vivido sonico
Lucido intuito
Alla deriva di questo caos lancinante

Le tue domande
Scintille di spago taglienti
Boati allucinogeni
Rimedi isterici sferici lisogeni

Assodano e si mescolano in fendenti
Temono resilienze di DNA errante
Morsi esuberi di plancia
sorsi in scioperi labbra
di bocca che si slancia
In denti soccorsi alle tue lande

Nella mistica mimica che srotolo
Nell'effluire di parole che vomito

Passaporto

25 ottobre 2019

Riempio i vuoti di sostanze radioattive
Fogli compulsivi di disturbi non lesivi
Soffio dentro delle serrande abusive
Fatte di sogni sgretolati e passati lascivi

Ho imparato ad affittarli, appianarli e calmarli
Con calmanti speciali di rime universali
E abitano me come la bellezza del mondo
Sposa della sua crudeltà senza mutuo ma senza fine
Io rimango muto ogni volta che partorisco da ogni viag-
gio queste linee
Io rimango mondo nonostante ho un me già morto, la fe-
nice come passaporto

Grandine

28 ottobre 2019

Onda che sbatte
E poi ribatte
Schegge di sale sul tuo viso

Lacrime

Argini
Scardinano margini
Delle ferite, tessuto liso

Il mio sorriso

Acqua che passa
E nel mio flusso resta
Il tempo, le ore prossime

Sono grandine

Stella Che Trema

18 novembre 2019

Cimiteri di biciclette
Sepolte da lancette
Del flusso di tempo
Del male che ha in grembo
Società che diluvia rancore
E indifferenza
Soffocando ogni cuore
Che ha resilienza

Stella che trema
Affogata e mutata vena
Anestetizza questo dolore
Con il suono violento e impetuoso
Delle tue parole
Voragini di vertigini
Suoni grezzi di fiori morenti
Ti senti salva da questo mondo vanitoso
Tu...così attaccata da ogni radice al suolo

Qualcosa Che Mi Risponda

novembre 2019

E mangio profiterole da solo
La mia settimana non ha ancora preso il volo
Tutte le volte che ti deludo da me
Mi sento deluso solo da me

Cerco qualcosa che mi risponda
Fluttuo nel vuoto costante di questo cielo
Cercando cerco un arco fermo dimenticando
Che sono onda, e tu sei donna

Sempre meno terreno e più appeso al suono
Sono una puttana di parole che tuono
E tutte le volte che lacrimo gocce salate
Mi sento un sistema con vene fallate

Chiedo qualcosa che mi risponda
Piovo così tanto che diluvio un lurido "sto bene"
Credendo chiedo un varco alle mie catene
Non so fingere ,ma so di essere onda

Radiazione

21 novembre 2019

Un intoppo sulla tangenziale delle arterie
Un baccano improvviso a setacciare caverne
Disfami le vene, ricucile con il tuo raggio ultravioletto
Discagliami dagli scogli per farmi immergere
Nelle tue onde ultraviolente

Nei fondali c'è il seme del mondo e le sue macerie
Nei rottami di un altro sogno che non ti serve
Radiazione chimica, sublimazione empirica
Alienazione critica, sei astratto ma sei fisica

Una randagia stabilità stabilita dal servo ceto
Mansueto del padrone finto docile come fossile
Tra i vetri rotti riflettenti un arcobaleno greco
Di età ellenica, vita scenica dallo stigie al morire

Oceani Ospitali (Parte II)

17 marzo 2019

Nelle notti e dai miei fari
Rifaccio mie simmetrie astrali
La colpa dei miei mali
In sogni più ancestrali
Vago tra la luna e una
Costellazione
Forse quella della mia perpetua rivoluzione
Fosse quella tua sarebbe una prua di trasmissione

In questo gelido safari
Ritorno a nuoto nelle parole dei miei mari

RINGRAZIAMENTI

Ringrazio Valentina, il cuore.
Ringrazio mia Madre e Atena, le vene e l'Anima.
Ringrazio gli amici, lo spirito.
Ringrazio le Onde, il Mare, le Comete, le Aquile e i
Felini.
Ringrazio la Poesia, la Musica e la Bellezza.

Ringrazio i Poeti, e gli Artisti conosciuti fino a qui.

Ringrazio Enzo Mosca per le copertine de "Il Mio
Cuore In Superficie"
e "Nel Divenire.
Ringrazio Melissa Reimondo per la copertina.
Ringrazio Roberto Donnarumma per l'ennesimo
editing.

In pace,in amore ed in guerra.
Sempre Vostro

Giuliano Cimino

www.ingramcontent.com/pod-product-compliance
Lightning Source LLC
LaVergne TN
LVHW090159180726
843489LV00006B/2138